BEI GRIN MACHT SICH IHR WISSEN BEZAHLT

- Wir veröffentlichen Ihre Hausarbeit,
  Bachelor- und Masterarbeit

- Ihr eigenes eBook und Buch -
  weltweit in allen wichtigen Shops

- Verdienen Sie an jedem Verkauf

Jetzt bei www.GRIN.com hochladen und kostenlos publizieren

Ronny Steinbrück

Phänomenologische Pädagogik am Beispiel Max von Manen

GRIN Verlag

Bibliografische Information der Deutschen Nationalbibliothek:

Die Deutsche Bibliothek verzeichnet diese Publikation in der Deutschen National-bibliografie; detaillierte bibliografische Daten sind im Internet über http://dnb.d-nb.de/ abrufbar.

Impressum:

Copyright © 2005 GRIN Verlag GmbH
Druck und Bindung: Books on Demand GmbH, Norderstedt Germany
ISBN: 978-3-656-88188-9

Dieses Buch bei GRIN:

http://www.grin.com/de/e-book/45037/phaenomenologische-paedagogik-am-bei-spiel-max-von-manen

PHÄNOMENOLOGISCHE PÄDAGOGIK

AM BEISPIEL

MAX VAN MANEN

Ausarbeitung zum Referat

Justus-Liebig-Universität

Seminar: Einführung in die Erziehungsphilosophie

SoSe2005

Vorgelegt von: Ronny Steinbrück

24.08.2005

INHALTSVERZEICHNIS

1. PHÄNOMENOLOGISCHE PÄDAGOGIK

Die Phänomenologische Pädagogik befasst sich mit der Lebenswelt von Heranwachsenden. In der sie umgebenden Umwelt existieren unzählige Ereignisse, die ihrem Charakter Form und Prägung verleihen. Sei es die Erfahrung der familiären Nähe oder der, zunächst anonymen, Schulklasse. Geschehnisse die zum ersten Male wahrgenommen werden, wirken mitunter befremdlich und erzeugen ein Gefühl von Unbehagen. Als phänomenlogisch ausgerichteter Pädagoge versucht man das wahrgenommene Ereignis an sich zu sehen. Vielleicht so zu sehen, wie es das Kind sieht. Es gilt zu verstehen, was den Zögling daran so begeistert, wenn es eine Kugel bergab rollen sieht oder wenn zwei zusammen spielende Kinder plötzlich anfangen sich zu streiten. Aus welchen Gründen ist es fasziniert oder verärgert. In diesen Momenten muss der Erzieher erklärend oder schlichtend eingreifen, ohne aber die natürlich gegebenen Bewältigungsstrategien der Heranwachsenden zu untergraben.

Das Pädagogische an sich zu klären und anschließend aufzuzeigen, welche Eigenschaften der phänomenologischen Pädagogik zuzuordnen sind, wird Aufgabe des ersten Teils dieser Arbeit sein.

1.1. WAS IST DAS PÄDAGOGISCHE

Als erstes beschreibt das Pädagogische die Beziehung zwischen Kindern und Erwachsenen, sowie zwischen Lernenden und Lehrenden. Es steckt in dem Verhältnis der Praxis zwischen den beiden Parteien. Auch ist es die Art und Weise, vor allem mit Kindern, lehrreich umzugehen und sie auf den Alltag, Familie, Zukunft, Wissen und Moral vorzubereiten und zu unterstützen. In der Pädagogik gilt es weiterhin Lehrer, Lenker und Motivator zu sein. Ein Begleiter und Beschützer bei all den Aufgaben die stündlich auf die Heranwachsenden warten. Letztlich ist das Pädagogische das, was in konkreten, realen und lebensweltlichen Situationen Konsequenzen trägt.

Das Pädagogische sollte eine fundamentale Garantie bieten. Die Sicherheit dafür, dass was auch immer geschehe, man für den Menschen da ist. Es sollte für den Zögling spürbar sein, dass auf einen gezählt werden kann.

1.2. WELCHEN ANSPRUCH HAT DAS PÄDAGOGISCHE

Um aufzuzeigen welchen Anspruch das Pädagogische hat, soll zunächst ein Exkurs zu einem Aufsatz von Max van Manen und Bas Levering („'Caring' in and for Linguisitic Contexts") dazu dienen, die grundlegende Situation zwischen Lehrer und Lernendem näher zu betrachten. Bei der Herangehensweise über sprachliche Begrifflichkeiten wird deutlich, dass im deutschen nur das eine Wort ‚sorgen' existiert. Dieses meint jedoch Verhaltensweisen wie Fürsorgen und umsorgen, aber auch Verhalten im Sinne von beängstigt sein. Im Englischen hingegen wird das Wort ‚care' als etwas wünschenswertes verstanden, beziehungsweise als eine Form von Geben. Demgegenüber steht der Begriff ‚worrying'. Dieser meint nun, dass man konstant, mitunter lebenslang für das Leben eines anderen da ist. Beispielhaft dafür ist die Sorge einer Mutter um ihre Kinder. Die Heranwachsenden, oder unter Umständen eben schon Erwachsenen, mögen zwar permanentes umsorgen als anstrengend oder gar nervig empfinden, wissen aber gleichzeitig ganz intuitiv, dass es viel schlimmer wäre, nicht umsorgt zu werden. Sich um jemanden sorgen, hält uns in Verbindung mit dieser Person. Levering und van Manen bezeichnen es als den „spiritual glue"[1] zwischen dem Erzieher und dem Erziehenden.

Der pädagogische Anspruch steckt also in der Sorge und Zuneigung zu den Kindern, indem man auf deren Leben einwirkt und sie unter Aufsicht und Betreuung leitet. Weiterhin ist es das Vernehmen des Anspruchs auf Erziehung, wobei man sich in Beschlag genommen fühlt und zwar als ganze Person. Man erfährt ein starkes, impulsives Gefühl für das Kind, welches man als das pädagogische Sein bezeichnen kann.

1.3. DAS WESEN DES PÄDAGOGISCHEN

Das Wesen des Pädagogischen eröffnet sich in der Erfahrung, zum Erziehen herausgefordert zu werden. Nur in Situationserfahrungen ist ein intensives Erfahren überhaupt möglich. Zum Beispiel in Bedeutungsträchtigen Blicken des Lehrer an den Schüler. Auch im immer wieder ‚neu verantworten' und ‚neu ausloten' einer Situation zeigt sich das Wesen. Dies birgt somit auch Raum für Kreativität. Das Wesen des Pädagogischen liegt folglich darin, dass es ständig

---

[1] Van Manen, Max / Levering, Bas: ‚Caring' in and for Lingistic Contexts. Aus: Lippitz, Wilfried / Meyer-Drawe, Käte (Hrsg.): Kind und Welt. Phänomenologische Studien zur Pädagogik. 1984. S. 49

eingelöst, wiedergefunden, zurückgewonnen und zurückgerufen werden muss.

1.4. DIE PÄDAGOGISCHE KOMPETENZ

Die pädagogische Kompetenz ist ein dynamisch- funktionales System, welches mit den Elementen Sicherheit, Liebe, Wechselseitigkeit, Stabilität, Vertrauen oder Beständigkeit operiert. Das heißt man verpflichtet sich der Situation angemessen zu reagieren. Diese Kompetenz schließt Vorwegnahme und Reflexion ein, die auf Förderung, Formung und Führung gerichtet ist. Pädagogische Kompetenz liegt aber nicht nur in der Praxis, sondern auch in der theoretischen Reflexion über das Handeln und Denken. Gemeint sind also die pädagogischen Erkenntnisse während der praktischen Arbeit. Geschehen sollte dies, nachdem die Kinder im Bett oder die Klasse nach Hause geschickt worden ist. Dies kann in Gedanken passieren oder in Gesprächen mit Kollegen, Freunden oder Partnern.

1.5. WELCHEN EINFLUSS HAT DIE PHÄNOMENOLOGISCHE PÄDAGOGIK

Zunächst ermöglicht die phänomenologische Pädagogik den Blick auf das ‚was' des Pädagogischen. Was ist das Wesen des pädagogischen und was ist ein Lehrer als Pädagoge. Es zielt damit auf die Unterschiedlichkeit der Lebensformen von Erziehern und anderen Erwachsenen ab. Weiterhin regt sie zur Theoriebildung an, die zum eigenen Einfallsreichtum beiträgt. Theoretisieren ist also als Kampf um die eigenen Grenzen, den eigenen Ursprung und die Gründe für das Erzieherleben zu verstehen.

2. KINDHEIT UND GEHEIMNISSE

Die Entwicklung des menschlichen Geistes ist begleitet von dem Entdecken des Verborgenen. Auf dem Wege in das Erwachsenenalter begegnet man immer wieder Dingen, die einem unklar erscheinen. Manchmal versteht man sie einfach nicht, weil man Zusammenhänge noch nicht kennt und manchmal wollen einem Menschen Geschehnisse schlichtweg nicht erzählen. Immer geht aber eine gewisse Faszination von dem aus, was wir noch nicht wissen. Die Neugier treibt die Heranwachsenden an die Schwelle zum Unbekannten. Entdecken lassen sich Informationen über Intimität, Privatheit und Identität. Auf der anderen Seite stellt man fest, dass man auch selbst in der Lage ist, Vorkommnisse zu verheimlichen und dadurch Vorteile oder aber auch Nachteile zu erlangen. Dies kann unbewusst geschehen, weil man sich vielleicht davor schämt etwas zuzugeben, aber es kann auch ganz strategisch passieren, um gezielt zu etwas höher gesteckten zu gelangen. Der ganz persönliche Vorteil steht dann im Mittelpunkt der Intentionen. Dieser nun folgende Abschnitt der Ausarbeitung beschäftigt sich also mit dem Phänomen des Geheimnisses mit all seinen Ausprägungen.

2.1. WAS SIND GEHEIMNISSE

Geheimnisse sind ein Phänomen der Kindheit, wie auch der Erwachsenenwelt. Es ist die Fähigkeit das Wissen über das ‚eigenste' im Innersten verbergen zu können. Geheimnisse existieren an örtlichen oder geistigen persönlichen Plätzen und variieren von fantasierten - kaum nachvollziehbaren Geheimnissen; anvertrauten, preisgegebenen, bis hin zu mit nur ausgewählten Menschen geteilten Geheimnissen. Geheimnisse handeln von persönlichen Dingen die eventuell das Verhältnis zu Eltern, Geschwister, Freunden oder Lehrern widerspiegeln. Es gibt nette, intime, tiefgründige, soziale, schreckliche, peinliche, furchtbare, gespenstige oder widerspenstige Geheimnisse. Die Konsequenzen Macht, Strafe, Scham, Schuld, Fürsorge, Liebe und Hass können mit Geheimnissen verbunden sein.

Van Manen und Levering unterscheiden drei verschiedene Formen von Geheimnissen. Es gibt existenzielle, kommunikative und persönliche Geheimnisse.[2] Existenzielle Geheimnisse beschreiben das Wesen eines Menschen und seine Verborgene Innerlichkeit. Jede Person bleibt für einen Betrachter ein Geheimnis in dem Sinne, dass es nie eine völlige Klarheit und

---

[2] Van Manen, Max / Levering, Bas: Kindheit und Geheimnisse. Über Intimität, Privatheit und Identität. Verlag Julius Klinkhardt, Bad Heilbrunn/ Obb., 2000. S. 22 - 23

Öffentlichkeit zwischen den Menschen gibt. Der Mensch gegenüber bleibt ein Mysterium, ein nie ganz aufklärbares Geheimnis. Unter kommunikativen Geheimnissen verstehen die Autoren die Unfähigkeit beziehungsweise das Unvermögen das Innere und die Gefühle zu verbalisieren. Dies trifft vor allem auf Kinder zu. Es beschreibt die Grenzen der Mitteilbarkeit, sowie natürliche Grenzen des gegenseitigen Verstehens. Hierbei bleiben bestimmte Bereiche des Menschen vorenthalten. Persönliche Geheimnisse hingegen meinen das bewusste Verschweigen von Wissen, beziehungsweise von dem, was mitgeteilt werden könnte. Man ist nicht bereit oder hat Angst davor es mitzuteilen. Oft haben persönliche Geheimnisse Konsequenzen für zwischenmenschliche Beziehungen. Indem sie diese beeinträchtigen können, werden sie weniger offen, intim oder spontan. Teilt man aber offen und vertraulich persönliche Geheimnisse mit, wird die Beziehung intimer, enger und transparenter. Personen die uns am Nähesten stehen sind die ersten, vor denen wir versuchen etwas zu verbergen. Dies bedeutet meist zugleich eine Trennung und bringt oft Verwirrung oder Störungen mit sich.

2.2.   WIE UND WO ERFAHREN WIR GEHEIMNISSE

Geheimnisse erschließen sich einem durch die selbständige Erkenntnis von Zusammenhängen, dem Zusammenfall von verschiedenen Ereignissen durch die man deutlicher erkennt, was eigentlich wirklich geschieht oder geschehen ist, oder eben durch Mitmenschen, die einen in Vorgänge des menschlichen Zusammenlebens einweihen. Geheimnisse lassen sich auch durch das Entdecken, von vermeintlich nie von irgendjemand vorher gesehenen Plätzen herstellen. Man glaubt, dass Dinge einem ganz alleine gehören und man sie vielleicht vorerst, oder aber auch nie, mit einem Freund oder sonstigem Mitmenschen teilen möchte. Man kann Geheimnisse also in der objektiven Welt und in subjektiven Erscheinungen erfahren.

2.2.1. DER GEHEIME RÜCKZUGSORT / DAS VERSTECK

Diese Art beschreibt einen besonderen Typ von Geheimnis. In Rückzugsorten beziehungsweise Verstecken ist man unsichtbar vor den Blicken anderer und somit wird einem eine gewisse Sicherheit vor Verfolgung, sowie Zuflucht und Intimität geboten. Der geheime Rückzugsort spiegelt den Wunsch wider, vorher Gegebenes, eventuell Lästiges, wie eine strenge Mutter oder ein nervendes Geschwisterchen, zu verlassen. Rückzugsorte bieten dem Individuum Erfahrungen der eigenen Existenz und des Selbstseins. Man sammelt Ideen über sich und seine Umwelt indem man darüber nachdenkt. Man fühlt sich behütet und geborgen und empfängt eine Nähe, die Verbundenheit mit dem Gegebenen entstehen lässt.

2.2.2. GEHEIME FÄCHER, SCHUBLADEN UND KISTEN

Diese Art von Phänomenen dienen als Medien für Geheimnisse und können familiäre Vertrautheit auf intime, innerliche Art und Weise verkörpern. Es sind die Erinnerungen der Großeltern, Eltern, Tanten, Onkel und Geschwister, die sich in solchen Orten manifestieren. Dies können zum Beispiel kuriose Gegenstände, Fotografien, Schlüssel, Orden, vertrocknete Tuben oder ähnliches sein. Auch Kleider- und Wandschränke haben derartige Bedeutungen.

2.2.3. GEHEIME ERSCHEINUNGEN UND PHANTASIEN

Hiermit sind andere Wirklichkeitsdimensionen gemeint, welche sehr persönlich sind und besonderer Aufmerksamkeit bedürfen. Sie sind nichts konkret reales, welches auch ein objektiver Beobachter mit Sicherheit wahrnehmen könnte. Es ist die Fähigkeit, spontane Erscheinungen wahrzunehmen und sich daran zu erfreuen oder sich vielleicht auch davor zu fürchten. Zum Beispiel können das Figuren sein, die aus Schatten von Gegenständen oder aus der Formation von Wolken entstehen. Meist sind sie nur von kurzer Dauer oder räumlich begrenzt. Eine andere geheime Erscheinung ist der ‚böse schwarze Mann' der in dunklen Kellern oder Dachböden seine Aufmerksamkeit erlangt. Die geheimen Erscheinungen und Phantasien sind also rein subjektiv.

2.3. KINDHEIT UND IHRE GEHEIMNISSE

Eingangs dieses Abschnittes soll zunächst einmal gesagt werden, was das Kind-Sein eigentlich ausmacht. Aus anthropologischer Sicht wird es durch ein geringes Alter, kleiner körperlicher Gestalt, mangelnder Lebenserfahrung, unentwickeltem Wissen, geringer Fähigkeiten und dem Bedürfnis von besonderem Schutz definiert. Die Unterschiede sind rein gradueller Natur. Aus der Sicht der sozialen Kategorien und pädagogischer Konzepte ist die Kindheit eine Erfindung moderner, westlicher Gesellschaften. Sie ist bestimmt von soziopsychologischer Reifung und von Sozialisationsprozessen durch Konventionen, Normen und Rollen. Als Resultat führt dies zur Abhängigkeit von Eltern, Lehrern und öffentlicher Bildung.

Dadurch entsteht Verwundbarkeit, Unreife und Abhängigkeit mit moralischen Folgen. Zum ersten stehen da Rücksicht, Schutz, Fürsorge, Liebe und Sicherheit. Als zweites folgt die Kindererziehung, die zur Selbständigkeit leiten soll. Letztens ist es die Verantwortung und Sorge, die von Erwachsenen zu tragen ist. In diesem Zusammenhang stehen dann auch Geheimnis und Geheimhaltung. Den Heranwachsenden sollte die Erwachsenenkultur, wie etwa Erotik, sexuelle Praktiken, Unterhaltung, Trinken, Spielen, Institutionen, Arbeit, Militär, Regierung und Ausbildung stückweise und dem Alter entsprechend näher gebracht werden. Eine Überhäufung mit Themen der Erwachsenenwelt könnte zu einer Überforderung des noch jungen Geistes führen. Sie sollen die Kinder also schrittweise in die Geheimnisse kognitiver, emotionaler und moralischer Bereiche des Erwachsenenlebens einführen.

Die voranschreitende Erosion der kulturellen Zensur führt allerdings dazu, dass in den Medien inzwischen beinahe alles gezeigt wird. So zum Beispiel überflüssige Gewalt, Erwachsenensexualität, soziale sowie umweltliche Katastrophen und Terror.

Auch weiterhin werden Geheimnisse von Kindern über die Welt der Erwachsenen, ihre Erkenntnisse über eben diese Welt widerspiegeln. Sie werden versehen sein mit Unklarheiten, Vorurteilen und Halbwissen. Deshalb sollten Erwachsene bewusster denn je, über die Bedeutung von Geheimnissen in ihrer Erziehung zu Kindern Klarheit erlangen.

2.4. DER VERRAT EINES GEHEIMNISSES

Das Preisgeben von Geheimnissen ist gewöhnlich mit einem aufgewühlten Gefühl verbunden. In bloßgestellten und aufgestörten Situationen spürt man oft Verrat, Zorn oder Enttäuschung. Man ist wahrscheinlich wegen den Konsequenzen ängstlich oder besorgt. Als folge dessen entstehen Scham, Schuld und Verlegenheit.

Das Schuldbewusstsein entspringt aus der intensiven Verpflichtung gegenüber unseren Angehörigen. Eine tiefe Verpflichtung gegenüber jemand ist die Vorraussetzung dafür. Das Entdecken oder das Eingeständnis von Fehlverhalten kann von Schuldgefühlen befreien. Man fühlt sich folglich gereinigt.

Scham entsteht durch Enthüllung in der Öffentlichkeit, wenn es als abnorm, anstößig, ekelerregend oder moralisch abwegig gilt. Es kann nur durch Eingestehen des eigenen Fehlers entstehen. Dann sind körperliche Anzeichen einen roten Kopf zu bekommen, verlegen zu sein, zu stammeln oder fahrig zu werden.

Verlegenheit tritt im Gegensatz zu Fehler und Sünde, bei Schuld und Scham, bei eher unschuldigen Vergehen auf. Beispielsweise wenn versucht wird das Haar über einen Pickel zu kämmen und man trotzdem darauf angesprochen wird. Man wird rot oder nervös und zeigt an, dass man mit dem Urteil übereinstimmt, ohne jedoch wirklich schuldig zu sein. Man kann auch bei einem Lob verlegen reagieren. Indem man sich dann aber abwehrend verhält symbolisiert man somit die positive Tugend der Bescheidenheit.

2.5. PÄDAGOGISCHER UMGANG MIT GEHEIMNISSEN

Zwischen Beaufsichtigung und Kontrolle, sowie zwischen Geheimhaltung und Privatheit existiert eine Spannung. Informationen über die Kinder und Respekt vor ihrer Privatsphäre sind grundlegende Bedingungen für die Entwicklung der Psyche und der persönlichen Identität der Kinder. Es gilt also das rechte Maß zu finden.

Zwischen Pädagogischen Institutionen wie zum Beispiel Krippen, Kitas, Schulen und dem Zuhause besteht ein scharfer Kontrast. Bei ersteren muss mit einer Vielzahl von Heranwachsenden umgegangen werden, was eine zunehmende Entnervung der Betreuer mit sich bringen kann. Es ist meist eine künstliche Welt, die die Kinder wenig von der normalen Welt erfahren lässt. Außerdem existiert ein Mangel an Privatsphäre bei dem ständigen zusammen sein mit anderen Kindern und unter der Obhut von Erziehern. Zuhause hingegen regiert das Alltagsgeschehen. Dies läuft zwar auch routiniert ab und ist durch Erwatungen gekennzeichnet, jedoch ist es abwechslungsreicher und bietet Privatsphäre. Flexibilität und Ungezwungenheit ermöglichen somit eine echtere und unverfälschtere pädagogische Betreuung.

Die Rolle der Privatsphäre ist von entscheidender Bedeutung. Die übriggebliebene Zeit kann mit Muße verwendet werden. Da völlige Kontrolle zu belastend und einengend ist, braucht der Mensch seine Freiräume in denen er sich durch die Beschäftigung mit seinem eigenen Geist ganz individuell entwickeln kann. Permanente Observation kann mit einer sehr hohen Wahrscheinlichkeit zu Auflehnung und Gefühlsausbrüchen führen. Das für-sich-sein ist damit der ideale Ausgleich. Muße bietet Raum für Kreativität, Eigeninitiative, Besinnlichkeit und Tagträume. Dementsprechend ist es wenig förderlich, diese Zeit mit Fernsehen zu verbringen.

2.6.   DER ZWECK FÜR DIE ENTWICKLUNG DER PERSÖNLICHKEIT

Geheimnisse zu haben ist eine grundlegende menschliche Eigenschaft. Sie erlaubt eine Trennung zwischen innen und außen. Man entscheidet was gehört mir und was teile ich mit anderen Menschen. Dies hat subtile und komplexe Folgen für zwischenmenschliche Beziehungen. Geheimnisse ermöglichen multiple Ich-Schichten und Innen- sowie Außenräume, die zur Bildung der Ich-Identität beitragen.

3.   SCHLUSS

Über den Weg der Klärung was das Pädagogische eigentlich ist und in welchen Formen es sich beweisen muss, sollte gezeigt worden sein, dass Erziehen ein dauerhafter Prozess ist, indem man sich selbst und die Menschen, die einem zur Obhut überlassen wurden sind, immer wieder neu finden und entdecken muss. Die Rolle des Erziehers kann einen maßgeblichen Einfluss auf das weitere Leben der Heranwachsenden nehmen. Damit verbunden ist also eine immense Verantwortung. Die phänomenologische Pädagogik kann helfen zu verstehen, wie Situationen zu Handhaben sind. Der Blickwinkel des Kindes sollte dabei im Mittelpunkt stehen.

Wie am Beispiel des Geheimnisses gezeigt, haben Phänomene eine vielschichtige Struktur. Es gilt immer genau zu betrachten und damit die Bedeutung des jeweiligen Phänomens, für die je bestimmte Person oder Personengruppe herauszufiltern. Ein sorgsamer Umgang mit den Gegebenheiten des Kindesalters stellt die grundlegende Vorraussetzung für ein dauerhaft vertrautes Verhältnis zwischen Lehrer und Lernendem dar.

4. LITERATUR

Van Manen, Max / Levering, Bas: ‚Caring' in and for Lingistic Contexts. S. 43 – 55

Van Manen, Max / Levering, Bas: Kindheit und Geheimnisse. Über Intimität, Privatheit und Identität. Verlag Julius Klinkhardt, Bad Heilbrunn/ Obb., 2000. S. 8 – 49, 154 – 191

Lippitz, Wilfried / Meyer-Drawe, Käte (Hrsg.): Kind und Welt. Phänomenologische Studien zur Pädagogik. Forum Acadmicum, Verlagsgruppe Athenäum, Hain, Hanstein. 1984.